*Photographie de 1ère page de couverture : **Robert Laborie***
*Illustration de 4ème page de couverture : **Michel Rigel***

Ernest Tyssandier d'Escous
rénovateur de la race bovine de Salers

© 2013
*Réalisation: La Méridienne du Monde Rural
auteurs: collectif d'auteurs,
Anne de Tyssandier d'Escous,
Corinne Toupillier, François Yzorche
Traduction du languedocien: Lucienne Lafon et
Georges Maury (Association Lo Convise)
Photographies: Robert Laborie
Illustration : Michel Rigel*

Éditeur : Books on Demand GmbH,
12/14 rond-point des Champs Élysées, 75008 Paris, France
Impression : Books on Demand GmbH, Norderstedt, Allemagne
ISBN : 978-2-322-03099-6
Dépôt légal: avril 2013

Recueil

Ernest Tyssandier d'Escous
rénovateur de la race bovine de Salers

Association LA MERIDIENNE DU MONDE RURAL
www.lameridiennedumonderural.fr

Association LA MERIDIENNE DU MONDE RURAL
93 rue Jules Ferry
19110 BORT-LES-ORGUES
www.lameridiennedumonderural.fr

TABLE DES MATIERES

Préambule
par Anne de Tyssandier d'Escous……………………p 9

Préface
Par Cédric Tartaud-Gineste………………………p 11

Solud o Tissondier d'Escous
Salut à Tyssandier d'Escous
Poème d'Arsène Vermenouze……………...............p 17

Les célébrités de Salers et M. Tyssandier d'Escous
par l'abbé Lafarge (extraits)……………………..p 33

Commémoration en 1913 du centenaire
(extraits du Réveil du Cantal du 10.09.1913)………...…p 39

Ernest Tyssandier d'Escous
par François Yzorche (extraits)……………...……p 45

Les vaches rouges du blason de Foix-Béarn sur
un tableau de famille d'Ernest Tyssandier d'Escous
par Anne de Tyssandier d'Escous……………...……p 53

La plus belle fille de l'Aurochs
par Corinne Toupillier……………………………..p 65

Préambule

Ernest Tyssandier d'Escous, rénovateur de la race bovine de Salers, *(1813-1889),* épousa Charlotte de Pollalion de Glavenas et eut six enfants (quatre fils et deux filles), dont le père de mon grand-père.

Pour comprendre la persistance du souvenir d'Ernest Tyssandier d'Escous dans la mémoire collective des habitants du Pays de Salers, il y a lieu de préciser que, doué d'une intelligence vive, il avait une forte personnalité, une grande générosité et était très estimé. Sur la requête de son ami Louis Pasteur, il reçut, le 8 juin 1884, les insignes du Mérite Agricole. Les textes de ce recueil ont été sélectionnés pour connaître un peu plus sa personnalité, et son caractère opiniâtre qui lui a permis de réaliser son œuvre.

Dans son livre sur la prévôté de Mauriac, paru en 1936, le Dr de Ribier écrivait concernant Tyssandier d'Escous : « C'est à son esprit de suite, à sa ténacité et à ses méthodes de sélection que la Haute-Auvergne est redevable d'une de ses principales richesses, car Tyssandier d'Escous, après avoir révélé et pour ainsi dire créé la race bovine de

Salers, en fut l'animateur pendant près d'un demi-siècle. Il lui consacra son activité, sa fortune et sa vie entière et s'éteignit à Salers le 15 janvier 1889 ».

Alors qu'il bénéficiait d'un riche patrimoine acquis par des générations successives de juristes parmi ses ancêtres, Ernest Tyssandier d'Escous consacra la fortune familiale à rechercher, par différents essais dans l'agriculture et l'élevage, à améliorer la vie des paysans du Cantal. Certains de ces essais furent très onéreux. Mais, alors qu'il était quasiment ruiné à la fin de sa vie, il eut la satisfaction d'avoir réussi, dans l'intérêt des paysans, à rénover la race bovine locale, la race de Salers. Celle-ci, reconnue pour ses nombreuses qualités, est actuellement représentée sur les cinq continents dans une trentaine de pays.

Au plan familial, et pour les éleveurs, il reste un modèle de dévouement pour le monde rural.

Anne de Tyssandier d'Escous
Présidente de La Méridienne du Monde Rural

Préface

Au cours de mes recherches universitaires dédiées à l'histoire de Salers[1], je me suis plus d'une fois senti « seul » en constatant que les édiles successifs n'avaient jamais pris soin de collecter un fond de référence qui puisse servir à l'étudiant, au généalogiste, bref à l'amateur d'histoire locale... nous étions en 2002.

Depuis, dix ans ont passé, et un chemin – modeste – s'est tracé, celui de la SHPS[2].

La « *Société Historique du Pays de Salers* », que j'ai cofondée en 2007, était une nécessité pour « organiser » les références relatives à Salers et aussi pour « remettre l'histoire à l'endroit » car parfois édulcorée et - la nature ayant horreur du vide - de temps en temps, inventée[3].

---

[1] « *Histoire religieuse de Salers à l'époque moderne 1450-1792* », soutenue en Sorbonne en 2002, par l'auteur
[2] http://histoire-de-salers.over-blog.com
[3] Ne citons ici que le musée de Salers prétendument « templier ».

Alors, quel rapport avec notre agronome emblématique, Ernest Tyssandier d'Escous ?

Avant tout, il est cet infatigable notable qui a redonné ses lettres de noblesse à la « *belle acajou* » dont l'état général au XIXème siècle ne lui présidait pas un avenir radieux. Cette vocation professionnelle, avec l'aide de Louis-Furcy Grognier, couplée à un engagement territorial (il fut maire de Saint-Bonnet-de-Salers et Conseiller Général du Canton), a donné naissance à l'effort considérable que le Herd Book mena quant à la valorisation internationale de la race Salers au cours du XXème siècle.

Les Tyssandier d'Escous sont issus de la petite noblesse cantalienne (comme l'étaient les barons de Salers et les Scorailles), ayant contracté des alliances locales (Leotoing d'Anjony, Glavenas, …), sachant que leur nom composé était déjà l'alliance de deux anciennes familles de Salers et de Saint-Bonnet-de-Salers.

La tradition relate que le château d'Escous, propriété des Saint-Julien, fut assiégé par les Huguenots pendant les guerres de Religion et qu'il chuta en 1576[4], les ruines en furent d'ailleurs rasées ces dernières années. Ce n'est pas sans émotion que je partage cette anecdote car mon père, Alain Gineste, qui a grandi dans ce village avant de « monter » à Paris, s'aventurait dans ces ruines et surtout dans ses souterrains, il m'en a fait profiter quand j'étais enfant... Hélas, je n'aurais pas la possibilité de faire de même avec ma fille, Angélyne.

L'association de Tyssandier d'Escous avec la race Salers ne doit pas faire oublier que cette famille élevait autrefois des chevaux de guerre et de trait, ce qui était une économie locale d'importance. Ernest dynamisa l'élevage familial, en introduisant un cheptel de sang arabe, la charrue à versoir et la culture de la pomme de terre. Cavalier émérite, un de ses contemporains dit alors de lui qu'il « *cheminait parfois en casse-cou, escaladant les sentiers les plus abrupts, gravissant les pentes escarpées du Puy-Mary, parcourant en deux heures la distance de Salers à Aurillac pour se rendre aux séances du Conseil général. Aussi, que de dangers survenus ! Le Cheval était une passion de sa vie.* »[5].

---

[4] Dictionnaire Historique et Statistique du Cantal, notice Saint-Bonnet, Tome 1, éd.1852, page 275
[5] « *Les célébrités de Salers et M. Tyssandier d'Escous* » par l'abbé Lafarge.

Il s'inspira du travail déjà réalisé sur la race Charolaise pour l'appliquer à ce qui n'était pas encore la race Salers. Son travail permit de fixer les critères de sélection pour élaborer une race qualitative. Sa carrière fut consacrée à la réalisation de concours afin de parfaire la race pendant toute la décennie des années 1850.

Depuis 1853, le concours spécial de la race bovine Salers récompense les plus beaux spécimens des cheptels de nos montagnes, c'est à notre agronome que nous devons une telle dynamique.

Je vais céder, ici, la plume à de biens meilleurs biographes que moi en rappelant néanmoins que la piété de cette famille a su s'affirmer dans la fondation des fabriques paroissiales, montrant par là-même que l'on pouvait être pieux et bon citoyen, un don d'ubiquité qui se perd de nos jours[6].

1913 avait vu l'érection de cette stèle de basalte afin de mettre à l'honneur le buste de l'agronome. 2013 est l'occasion d'honorer notre notable par une commémoration sous forme d'une

---

[6] Archives de l'Abbé Raoux, dernier curé résidentiel de Saint-Bonnet-de-Salers, archives privées

conférence historique pour le bicentenaire de sa naissance, au même titre que nous avons su honorer l'anoblissement du tricentenaire du Major de La Farge en 2011.

Où qu'il soit, Gabriel, Pierre, Marie-de-Lorette, Ernest, Philogone Tyssandier d'Escous peut nous regarder avec l'esprit apaisé, car il peut voir avec sagesse et sérénité, le travail accompli par ceux qui lui succèdent, sa famille, les « passeurs de mémoire » que nous sommes et les professionnels de la race Salers !

A reveire et grand-mercé, Tyssandier !

Cédric Tartaud-Gineste
*Conseiller municipal de Salers,
délégué au Jumelage avec Hollókö (Hongrie)*

*Président cofondateur de la
Société Historique du Pays de Salers*

Buste d'Ernest Tyssandier d'Escous (1813- 1889) à Salers

Poème d'Arsène Vermenouze

Solud o Tissondier d'Escous
Salut à Tyssandier d'Escous

Poème extrait du livre :
« **Inédits Languedociens** » publié en 1996 par l'association culturelle occitane Lo Convise
9 place de la Paix - 15000 Aurillac

Dans le livre « Inédits Languedociens » le texte est établi, présenté et annoté par Noël Lafon en graphie occitane classique et en graphie originale avec la traduction française par Lucienne Lafon et Georges Maury.

Ce poème fut déclamé par le « capistol Vermenouze » à l'occasion de l'inauguration du monument en mémoire à Tyssandier d'Escous à Salers le dimanche 8 août 1897. Le texte est présenté dans le présent recueil en graphie originale avec sa traduction en français.

Solud o Tissondier d'Escous
*Dedicat o soun fil, Pau Tissondier,
è soun neboud, lou couomte de Lo Salo.*

*Sul rot ound t'ojiouques, tont fièro,
Solud, o bilo de Solèrs,
Que sembles uno èdo o l'espèro,
Presto o copoussa dins les èrs.*

*Solude teis drollos poulidos,
E tous fils de curs froncs è drets,
Tous fils qu'ou los pounhos soulidos
E duros coumo tos porets.*

*Solude l'ome que se quilho,
Uèi, ol ras de soun bièl oustau,
E que de lo mouort se rebilho
Per mounta sus un pèdestau.*

*L'ome qu'as tengud sus to faudo,
Qu'es sourtid d'oquel rude sou,
Fat ombe lo pèiro ferraudo
Qu'onton les boulcans escupiou,*

Salut à Tyssandier d'Escous
*Dédié à son fils Paul Tyssandier
et à son neveu, le comte de la Salle.*

Sur le roc où tu te perches, si fière,
Salut, ô ville de Salers
Qui sembles un aigle à l'affût,
Prêt à plonger dans les airs.

Je salue tes filles jolies
Et tes fils aux cœurs francs et purs,
Tes fils à la poigne de fer
Dure comme tes remparts.

Je salue l'homme qui se dresse,
Aujourd'hui, auprès de sa vieille maison
Et qui du dernier sommeil se réveille
Pour monter sur un piédestal.

L'homme que tu as tenu dans ton giron,
Qui est sorti de ce rude sol,
Fait de ce basalte
Qu'autrefois crachaient les volcans,

Lou solude ol mièt de to plaço,
Ombe respèt, car coumo guel,
Coumo oquel efont de to raço,
Lei fennos n'en fou pa' o porel.

Car se de delai lo frountièro,
Nostre bestiau es counegud,
E s'ogrado o l'Europo entièro,
Sobon uèi o quau quoi degud.

Tissondier d'Escous – j'ofourtisse,
E digun me diro pas nou,
Digun diro pas que mentisse –
Foguèt obro de creadou.

Ape, creèt de touto pèço,
Dempièi lo couorno endusqu'ol pièu,
Un bestiau d'uno talo espèço,
Que n'o pas soun poriè jioul cièu :

Oussèls redounds, quoi plo' stocados,
Pièu fresad d'un rougi de song,
Fou pas fasti, uèi, les bocados,
Que broustou l'èrbo d'en Biouhon :

Je le salue au milieu de ta place,
Avec respect, car de tels que lui,
Tels que cet enfant de ta race,
Les femmes n'en font pas par paire.

En effet, si au-delà de nos frontières
Notre bétail est connu
Et plaît à l'Europe entière,
Nous savons aujourd'hui à qui nous le devons.

Tyssandier d'Escous – je l'affirme,
Et personne ne le niera,
Personne ne dira que je mens –
Fit œuvre de créateur.

Oui, il créa de toutes pièces,
Depuis la corne jusqu'au poil,
Un bétail d'une telle race
Qu'il n'a pas son pareil sous le ciel :

Pis rebondis, queues bien attachées,
Poil frisé, d'un rouge de sang,
Elles sont plaisantes à voir, aujourd'hui, les vacheries
Qui broutent l'herbe du puy Violent :

Los poudès beire d'en Borouso !... –
Soulomen, pel lei faire otau
Colho lo fouorço pouderouso,
Lo pounho d'un fil del Contau.

Un Oubernhat soul – mai pas trasso –
Poudio counha ço qu'o counhad
Dins lou capt dei fils de so raço
Oquel rude mascle oubernhat.

Coumo un fabre nerbous, que tusto
O gronds couops sul mèmo clobèl,
Tissondier de so mo robusto
O mortelad nostre cerbèl.

E, coumo dins lo rusco rufo
D'un gorrit dintro un cun de fèr,
Es dintrado dins nostro tufo,
Soun idéio, fils de Solèrs.

Tissondier d'Escous, dins soi benos,
Deugui' obeire un pau d'oquel fiot
Que jiou nostroi berdos coudènos
Como dins lo prioundour del rot ;

Vous pouvez les voir depuis l'esplanade de Barrouze !...-
Seulement, pour les sélectionner ainsi,
Il fallait la volonté puissante,
La poigne d'un fils du Cantal.

Un Auvergnat seul – et un vrai –
Pouvait imposer ce qu'a inculqué
Dans la tête des fils de sa race
Ce rude gaillard auvergnat.

Tel un forgeron énergique, qui frappe
A grands coups sur le même clou,
Tyssandier de sa main robuste
A façonné notre jugement,

Et, comme dans l'écorce rugueuse
D'un chêne entre un coin de fer,
Est entré dans notre crâne
Son idée, fils de Salers.

Tyssandier d'Escous, dans ses veines,
Devait avoir un peu de ce feu
Qui sous nos vertes prairies
Brûle dans la profondeur du roc ;

Un pau d'oquelo sabio rudo,
Que douno oi fils de nostre sou,
Ombe uno car fouorto e bourrudo,
Un cur que jiomai n'o pas pou.

Sons pou, Tissondier d'Escous, j'èro,
O tchiobal crinhabo digun ;
M'es obis que lou bese enquèro :
L'ome è lou tchobal fosiou qu'un.

Bouabos tèrmes, porets, ribièros…,
Lou tron l'ourio pas orrestat,
Jious pès de soun ègo, los péiros
Jitabou fiot de tout coustat.

Semblablo lo casso boulonto ;
La nuèt oquetchis que l'ousiou,
Se sinnabou'm de l'aigo sonto,
E, dins lour lièt s'estremesiou.

Quond possabo ombe un brut d'ouratchi,
L'on sentio qu'oquel ome ordent
Obio lo foufo è lou couratchi
Dei Bargos è dei Benobent.

Un peu de cette sève rude
Qui donne aux fils de notre sol,
Avec des chairs vigoureuses et velues,
Un cœur qui n'a jamais peur.

Sans peur, Tyssandier d'Escous l'était ;
A cheval il ne craignait personne ;
Il me semble le voir encore ;
L'homme et le cheval ne faisait qu'un.

Il volait par-dessus tertres, murs et rivières…,
Le tonnerre ne l'aurait pas arrêté,
Sous les pieds de sa jument, le feu
Jaillissait des pierres de tout côté.

On aurait dit la chasse volante* ;
La nuit, ceux qui l'entendaient
Se signaient avec de l'eau bénite
Et frémissaient dans leur lit.

Quand il passait dans un bruit d'orage,
On sentait que cet homme ardent
Avait la fougue et le courage
Des Bargues et des Bénavents.

N'obio tobe lo grondo mino,
E lou cur to naut coumo cat,
Car sobio pas doupla l'esquino,
Ni mai topau courba lou capt.

D'oprès l'istorio nous cau creire
Qu'un grond pouople, nostre belet,
Crinhabo res sounco de beire
Lou cièu li toumba sul coupet.

Guel, los pous los pus noturèlos,
S'en entrotchiabo mèmo pas ;
Ourio bit plèure los estièlos
Que n'ourio pas 'mouidad lou pas.

Se Satan, lou diaple en persouno,
Dobont guel bo sourti d'un trau,
Oquel diaple ourio, per mo bouno !
Otopad quauque bèl foutrau.

Ombe oquo, notura dubèrto,
E serbicial è generous,
Ah! Qu'èro un bien brabe ome, cèrto,
Que moussu Tissondier d'Escous.

Il en avait aussi la grande allure
Et le cœur noble mieux que personne
Car il ne savait pas courber l'échine
Ni baisser la tête.

D'après l'histoire il nous faut croire
Qu'un grand peuple, notre aïeul,
Ne craignait rien sinon de voir
Le ciel lui tomber sur la nuque.

Les peurs les plus naturelles
Lui étaient étrangères.
Il eût vu pleuvoir les étoiles
Qu'il n'eût pas hâté le pas.

Si Satan, le diable en personne,
Avait jailli d'un trou devant lui,
Ce diable, parole d'honneur,
Aurait reçu quelque rossée.

Avec cela, nature ouverte,
Prévenant et généreux ;
Ah ! c'était assurément un bien brave homme,
Monsieur Tyssandier d'Escous.

Se corrabo ombe les bouriaires,
Ombe lou bouhiè, lou peison ;
Les ogotchiabo coumo fraires,
Coumo deis omes de soun song.

Mès es couarrous lour tenio tèsto,
Soun reire è soun esprit pountchud
Onabo'l delai de lo bèsto,
En pleno pèl faire espessug.

Qu'èro un ome de nostro idéio,
Qu'eimabo lo lengo dei bièls,
E lo cobreto, è lo bourrèio,
Copèls largis è boborèls.

Lou colho beire en pleno fièiro,
Oquel Oubernhat tout moussur,
Que pourtabo l'Oubèrnho entièro,
Nostro Oubèrnho ol found de soun cur.

E ti o per que, ol noum de l'Escolo,
E del porla tont ogrodiu,
Que nostro obro, uèi, rebiscolo,
Lèu lou solude ombe emouciu.

Il aimait la compagnie des fermiers,
Du bouvier, du paysan ;
En eux il voyait des frères
Et des hommes de son sang.

Mais il tenait tête aux maîtres,
Son rire et son esprit acéré
Allaient au-delà de la veste
Pincer en pleine peau.

Cet homme voyait les choses comme nous,
Il aimait la langue des anciens
Et la cabrette, et la bourrée,
Chapeaux larges et corselets.

Il fallait le voir en pleine foire,
Cet Auvergnat de classe
Qui portait l'Auvergne entière,
Notre Auvergne, au fond de son cœur.

Et voilà pourquoi, au nom de l'Ecole
Et de la langue si exquise
Que notre œuvre aujourd'hui ranime,
Je le salue avec émotion.

Solude so fomilho eimado,
E sous efonts que, Dièu morces,
Lo gleisio ounourou è l'ormado,
En bouns cristios è bouns fronces.

Tissondier d'Escous, to memouorio
Biouro tont coumo lou Contau,
Car l'as unido, dins lo glorio,
Ol noum de toun poïs nodau.

Je salue sa famille aimée,
Et ses enfants qui, dieu merci,
Honorent l'église et l'armée,
En bons chrétiens et bons français.

Tyssandier d'Escous, ta mémoire,
Vivra autant que le Cantal,
Car tu l'as unie, dans la gloire
Au nom de ton pays natal.

---

* La chasse volante : *légende cantalienne dans laquelle un seigneur chasseur et viveur, après avoir conclu imprudemment un pacte avec le diable, disparaît dans l'au-delà mais réapparait, lors des nuits les plus noires, en train de chasser. L'apparition bruyante de la meute dans le ciel nocturne était génératrice de terreurs (voir Henri Dommergues : Contes e Parpandejadas).*

Un bal de noces à Salers début août 1864,
au « Restaurant des Voyageurs »
(ancien « hôtel de la famille de Saluces)

Tyssandier d'Escous dansant avec Marguerite Labory. Au 1er plan : Ferdinand de Lanoye se tient debout en compagnie de son fils.

Dessin d'Emile Bayard (1837-1891), d'après l'album d'Henri de Lanoye. Dessin publié en France par Hachette en 1866 dans : « Le Tour du Monde » 7ème année n° 319, et repris dans des versions étrangères (comme en 1869 en Hollande dans « De aarde en haar volken » dont provient le dessin ci-dessus).

Les célébrités de Salers et M. Tyssandier d'Escous

par l'abbé Lafarge *(originaire de Saint-Bonnet)*

(extraits du livre publié à l'occasion de l'inauguration du monument en mémoire à Tyssandier d'Escous à Salers en 1897)

L'abbé Lafarge écrivait en 1897 :

Dimanche 8 août, la ville de Salers inaugurera avec grande pompe le beau monument, érigé par souscription publique, à M. Tyssandier d'Escous.
Les fêtes seront splendides, car on fait bien les choses, à Salers. Il y a, dans ces vieux murs, de l'élan, de l'enthousiasme, du cœur. Cependant ce n'est pas à la ville de Salers qu'appartient l'initiative de cette œuvre patriotique. C'est M.J. Sérieys, intelligent et sympathique instituteur de Saint-Bonnet, lauréat de la Société centrale d'agriculture, qui prit, il y a trois ans, l'initiative d'une souscription et provoqua la formation d'un comité en publiant, dans divers journaux, des articles remarqués.

Portrait de M. Tyssandier d'Escous

De taille un peu au-dessus de la moyenne, d'une constitution vigoureuse, d'une physionomie sympathique et distinguée, souriant dans sa magnifique barbe blanche à la mérovingienne, M. Tyssandier d'Escous était un gentilhomme de vieille souche. Nature avant tout chevaleresque, il était d'une loyauté antique et d'une cordialité exquise. Véritable type du caractère français, il était toujours prêt à rendre service, donnait beaucoup et à tous, avait le mépris de l'argent, dédaignait de s'enrichir... Toutefois la raison ne savait pas toujours contenir les intempérances de sa brillante générosité ; mais son bonheur était de faire le bien et de servir utilement son pays qu'il aima passionnément.

Ernest Tyssandier d'Escous, merveilleusement doué, montra, dans son enfance et sa jeunesse, un caractère turbulent, impétueux. Au collège, il ne fut pas compté parmi les plus disciplinés et les plus ardents à l'étude. Toutefois, son père voulut qu'il fît toutes ses études.

Après avoir fini ses humanités, possédant de beaux domaines, il se voua à l'étude de l'agriculture et de l'élevage des bestiaux…

Dans notre beau pays d'Auvergne il n'est pas facile de faire changer à un homme sa manière d'agir. On sait combien le paysan est routinier : comme a fait son père, ainsi il fait et il fera. Pour avoir raison de cette routine, pour encourager les éleveurs et les amener à préparer leurs animaux pour les concours, M. Tyssandier les visitait fréquemment. Il ne dédaignait pas de s'asseoir, dans la plus modeste auberge, au milieu des bons paysans et de passer avec eux de longues heures, fraternisant au choc bruyant des verres, des conversations, des danses endiablées, où vous « n'eussiez entendu ni ciel ni terre ». Et c'était lui qui payait toujours et pour tous.

A la valeur de l'homme intelligent et doué d'un zèle pour le bien public, qui fut la noble passion de sa vie, M. Tyssandier d'Escous unissait toutes les qualités brillantes de l'homme du monde accompli : les charmes de l'esprit, la noblesse de caractère, la distinction des manières.

Le prestige de ces dons lui valut la faveur d'unir son existence à une femme d'élite* et de devenir

---

* L'épouse d'Ernest Tyssandier d'Escous, Charlotte de Pollalion de Glavenas, était la sœur de la comtesse de La Salle de Rochemaure et de la comtesse de La Tour d'Auvergne.

par son mariage le beau-frère du comte de La Salle de Rochemaure et du comte de La Tour d'Auvergne. Nul mieux que lui ne brillait dans les salons de toutes les qualités du chevalier français ; nul ne savait mieux monter à cheval. Il est vrai que ce cavalier accompli chevauchait parfois en casse-cou, escaladant les sentiers les plus abrupts, franchissant les ravins, gravissant les pentes escarpées du Puy-Mary…

A peine âgé de 35 ans il accepta la mairie de Saint-Bonnet… Le canton de Salers vint bientôt joindre ses honneurs à ceux que lui avait conférés la commune de Saint-Bonnet et M. Tyssandier d'Escous parut à l'assemblée départementale…

Sous le brillant orateur des grands jours de l'agriculture et sous l'homme du monde, il y avait le chrétien… Nous savons que M. Tyssandier d'Escous était animé de sentiments profondément religieux…

Ancien monument – Buste de Tyssandier d'Escous sur un socle en calcaire (Roux éd. Aurillac-DR)

Monument (actuel) – Buste de Tyssandier d'Escous sur un socle en basalte (Malroux éd. Aurillac-DR)

Commémoration en 1913 du centenaire

(Extraits de l'article du Réveil du Cantal du 10 septembre 1913)

Le dimanche 7 septembre 1913 Salers célébra le centenaire de la naissance d'Ernest Tyssandier d'Escous lors du concours cantonal de Salers. Ce jour-là, l'inauguration du nouveau monument, en hommage au rénovateur de la race bovine de Salers, eut lieu en présence d'une foule compacte.

Extraits du discours de M. Sébastien Vergne, maire et conseiller général de Salers, qui prit le premier la parole :

« Au nom de la ville de Salers qui s'honore d'avoir vu naître M. Ernest-Pierre-Gabriel Tyssandier d'Escous, au nom du Comice Agricole dont il fut l'un des principaux fondateurs, au nom de tous les amis de l'élevage cantalien qui ont tenu à affirmer par leurs souscriptions la reconnaissance qu'ils gardent au rénovateur de notre race bovine, j'ai la douce et agréable mission de remettre au distingué président d'honneur de cette fête le monument destiné à perpétuer la gratitude de la petite patrie envers son bienfaiteur…

Né à Salers le 20 décembre 1813, au sein d'une famille déjà illustre, celui qui devait rendre à ses compatriotes les plus éminents services eut le bonheur de grandir sous les regards d'un père, ami des humbles, passionné pour l'agriculture. C'est à cette école qu'il apprit à aimer la terre et ceux qui la fécondent de leur sueur…

Comme un véritable apôtre, il s'en allait de ferme en ferme pour conseiller les éleveurs, leur préconiser la bonne méthode, semant partout la bonne parole, souvent soulignée de libéralités généreuses…

Le 4 mai 1860, le Gouvernement impérial, obligé de reconnaître les justes revendications de M. Tyssandier d'Escous, accordait le concours spécial de la race de Salers…

Honneur à Tyssandier d'Escous dont l'œuvre bienfaisante fait couler des ruisseaux d'or dans nos montagnes. »

Ce discours fut longuement et vigoureusement applaudi.

Après le maire de Salers, le duc de la Salle de Rochemaure (Félix, comte de la Salle, duc romain), neveu d'Ernest Tyssandier d'Escous, prit la parole. Il parla en érudit et en véritable auvergnat, comme indiqué dans l'article du Réveil du Cantal du 10 septembre 1913.

Extraits du discours du duc de la Salle de Rochemaure :

« … Reportons-nous au milieu du XIXème siècle, à l'époque où Tyssandier d'Escous inaugura sa propagande agricole et félicitons-nous du chemin parcouru.
En agriculture régnait alors une incurie sans nom, une ignorance têtue, un invincible attachement à la routine, faisant obstruction par inertie à toute innovation féconde. Animaux et étables étaient en tel état, affranchis des plus élémentaires lois de l'hygiène, que mon amour-propre cantalien préfère utiliser un instant notre dialecte du terroir pour le dire sans façon…

Sons entre naoutres, digus d'estrongiès nous entend : per z'o plot dire leis nostres mozuts erou salles que caou sat...
(Nous sommes entre compatriotes, les étrangers ne peuvent entendre cet aveu, confessons que l'incurie régnait en maîtresse et que la saleté de nos burons était repoussante)…

Ce qu'il fallut à Tyssandier d'Escous de patients efforts, de longues années de luttes pour obtenir une hygiène meilleure, une sélection progressive et raisonnée de la race, beaucoup d'entre vous le savent qui l'ont encore vu à l'œuvre. Sa haute compétence technique, son grand bon sens pratique, n'eussent obtenu que des résultats fort mitigés sans cette ténacité bien auvergnate que rien ne lassa pendant soixante ans d'efforts et qui reste la distinctive la plus typique peut-être de ce haut caractère servi par une claire intelligence, stimulé puissamment par son dévouement sans bornes à la prospérité du pays cantalien.

L'œuvre de Tyssandier d'Escous reste vivace ; le type de la race de Salers est, à présent, fixé ; elle a obtenu dans les concours généraux et sur les marchés les plus réputés ses lettres de grande naturalisation. Nos éleveurs comprennent l'intérêt primordial qu'ils ont à la conserver pure de tout fâcheux métissage…

On ne stationne pas dans la voie du progrès sous peine de recul, il faut aller de l'avant vers le but qui s'offre aux laborieux efforts du monde rural moderne…

Cette prospérité, que l'œuvre agronomique de Tyssandier d'Escous a contribué pour une large part à préparer à la région cantalienne, il faut souhaiter à la ville de Salers de la trouver, elle aussi, dans un avenir aussi brillant et aussi prospère que son passé...

Puisse, du haut de son nouveau piédestal, Tyssandier d'Escous voir défiler nombreux les amateurs des sites alpestres et les curieux de vieilles demeures apportant l'animation à vos rues et Salers retrouver dans cet afflux sa physionomie d'antan. Puisse notre perle cantalienne, Salers, la Ville-Pucelle de nos vieilles chroniques, s'associer, dans une prospérité toujours croissante, à cet avenir que le patriotisme de tous ses fils veut pour la France fait de saine justice sociale, de mutuelle tolérance et de sage liberté... ».

Le duc de la Salle de Rochemaure fut, à la suite de son discours, très applaudi.

Vaches Salers au pré

Ernest Tyssandier d'Escous

par François Yzorche (extraits)

Louis Jalenques évoquait en ces termes le souvenir d'Ernest Tyssandier d'Escous : « le cheval fut d'abord sa passion. Ecuyer consommé, on cite encore les traits d'audace, les courses folles qu'il fit jusqu'aux dernières années de sa vie, monté sur ces chevaux du pays auxquels l'infusion du sang arabe avait donné de si étonnantes qualités d'agilité et d'endurance… Mais l'amour du cheval et les soins apportés à l'amélioration de la race chevaline ne pouvaient fournir à Tyssandier d'Escous un champ assez vaste pour satisfaire son activité. »

Des légendes circulaient sur Ernest qui aurait pu aller jusqu'à rentrer dans les tavernes sur son cheval. Ernest, c'est certain, aimait la fête. Dans le dessin de taverne de Salers, on le voit, lors de la visite de l'ingénieur écrivain Ferdinand de Lanoye et de son fils Paul, danser des bourrées endiablées au « cercle » de Marguerite Labory, sous les yeux étonnés de ses hôtes.

Comme le prétend Paul Cuelhes-Bordes dans sa « Chronique du temps passé » : « et, que d'autre part, il a fréquenté surtout des pays(*ans*), des exploitants, toutes gens qui ne dialoguent utilement qu'en trinquant sans restriction ! ».
Et, en plus, il avait « ce don de la parole qui le faisait partout remarquer, rechercher et aimer ».

On voit le caractère d'Ernest Tyssandier d'Escous : bien trempé, audacieux, convivial, passionné, aidé par une solide santé. Son père, le jugeant, reconnut sa vraie vocation et le poussa vers l'exploitation de ses domaines de Roche, Escous, Navaste, Falgouzet et Solcroux qui réclamaient un jeune maître.

Ernest, devenu le fermier de son père, allait commencer sa véritable vie : celle qui le conduisit à la tête de l'exploitation du domaine qui allait lui être confié. Il se traça un programme d'actions. Il comprit tout de suite qu'il avait un rôle important à jouer, duquel dépendait moins son avenir que celui du pays où il allait rester. Fortuné, passionné, intelligent, écouté, il avait tous les atouts en main. Les méthodes employées jusqu'alors dans l'agriculture lui semblaient surannées. Il ne s'agissait pas de les réprouver en bloc, mais de les réformer.

Ernest Tyssandier d'Escous adopta d'emblée, sans en avoir fait l'expérience, la charrue que venait d'inventer Mathieu de Dombasle. Le premier emploi, dans sa propriété de Roche, du nouvel instrument de labour suscita, on le devine, une grande curiosité. En outre, sachant que par défaut de nourriture appropriée une race, d'âge en âge, dépérit, il commença par donner une large part à la culture des prairies artificielles… En 1847, pour faire face à la disette, il fit ensemencer 9 hectares de pommes de terre.

Il était établi qu'à l'époque le bétail des montagnes de Salers vivait sans direction technique, se reproduisait sans sélection et s'avilissait progressivement. Ce fut enregistré dans le procès-verbal de la séance du 27 décembre 1841 de la Société Centrale d'Agriculture du Cantal dont le président fut Higonnet jusqu'à sa mort en 1859. Afin de revivifier la race chancelante, cette société préconisait le croisement avec des sujets de France ou de l'étranger, donnant des produits propres à l'engraissement et au rendement laitier. Une subvention en ce sens fut demandée au gouvernement mais elle fut heureusement repoussée.

La race chevaline d'Auvergne, si justement recherchée sous le Premier Empire, avait été dénaturée par suite d'importations de sujets d'Angleterre pour des croisements. L'exemple avait touché Ernest, passionné de cheval.

Vouloir rénover une race par la sélection implique pour celui qui s'y est assigné une volonté inflexible. Il fallait beaucoup de temps et vaincre la routine et l'individualisme naturel chez les paysans en Auvergne.

A ce moment-là Ernest Tyssandier d'Escous avait la carrure pour s'imposer. En plus il voyageait beaucoup pour se familiariser avec les méthodes des autres régions. Il fit en particulier un voyage dans le charolais pour y étudier les méthodes de sélection qui avaient donné dans ce pays de beaux résultats.

De retour à Saint-Bonnet, il les appliqua à la race de Salers. Tout en s'occupant de son domaine, il entreprit des tournées de conférences, de visites aux fermiers des environs pour les persuader de l'excellence de ses méthodes et de ses idées…

Ernest Tyssandier d'Escous avait compris l'importance que pouvait avoir le comice. Il mit à profit la leçon tirée des résultats obtenus dans d'autres contrées où des comices avaient été constitués avant. Dans le Cantal ils avaient été créés par arrêté du préfet du 1er mars 1836.

En 1844, Elie de Raffin démissionna de la présidence du comice agricole de Salers. Le 22 août 1844, Ernest Tyssandier d'Escous fut proclamé président, à la majorité absolue des suffrages, quoique absent de la séance de scrutin à l'hôtel de ville de Salers. Il se livra alors, d'abord dans la commune de Saint-Bonnet, puis dans le canton, à une propagande très active en vue de recruter des adhérents au comice. Sous sa direction intelligente, le comice prospéra au point de compter en peu d'années plus de 100 membres actifs et de devenir l'un des plus importants dans la région.

Ayant bien en main un tel instrument de travail, Ernest Tyssandier d'Escous avança dans la réalisation de son projet de prospection d'animaux sains, bien constitués, présentant des formes et des aptitudes propices à la rénovation de la race.

Jules Serieys, instituteur à Saint Bonnet et spécialiste des questions agricoles, a écrit : « lentement, peut-être, mais avec une sûreté raisonnée des lois de la sélection, il parvint à défaire nos Salers de leur conformation osseuse décousue, anormale, et augmenta la relation du poids net et du poids brut. »

Ayant obtenu des résultats probants, il importait de les faire connaître en les exposant aux concours agricoles organisés dans les centres de production et surtout de créer des concours spéciaux pour faire reconnaître la Salers comme une race à part.

Ernest Tyssandier d'Escous mourut à Salers le 15 janvier 1889 à 75 ans, pleuré de toute la population. Ses obsèques eurent lieu au milieu d'une foule si considérable que, de mémoire d'homme, on n'avait vu un cortège aussi long de l'église au cimetière.

Il avait atteint son but, sacrifiant ses ressources personnelles et dépensant ses efforts : dotant la race de Salers des qualités essentielles pour en faire une grande race indiscutée, et instituant définitivement le concours spécial pour en garantir la pérennité et le développement…

A l'initiative de Jules Serieys, instituteur à Saint-Bonnet de Salers, il y eut une souscription pour la réalisation d'un monument en mémoire à Tyssandier d'Escous. Le sculpteur Jean-Baptiste Champeil (Prix de Rome) réalisa le buste en bronze. Le premier monument était en pierre calcaire entouré d'une grille. Les orgues en basalte furent installées plus tard, place Tyssandier d'Escous.

Escous avait atteint un sommet de célébrité à cette époque. Tous les éleveurs savaient situer Escous et la commune de Saint-Bonnet de Salers dans le Cantal.

Aquarelle de Michel Rigel réalisée en 2013
« Hommage à Ernest Tyssandier d'Escous
Rénovateur de la race bovine de Salers »

Les vaches rouges du blason de Foix-Béarn sur un tableau de famille d'Ernest Tyssandier d'Escous

par Anne de Tyssandier d'Escous

Ernest Tyssandier d'Escous, rénovateur de la race bovine de Salers, était fils de Jean Marie Antoine Tyssandier d'Escous et d'Iphigénie de Léotoing d'Anjony de Foix. Il est né à Salers (Cantal) le 23 décembre 1813 et eut deux sœurs cadettes.

A l'occasion du bicentenaire de sa naissance il est apparu intéressant de revenir sur un élément méconnu de sa jeunesse qui a peut-être eu une incidence sur sa passion pour fixer les caractéristiques de la race bovine de Salers.

Au XVIIIème siècle, les vaches qui paissaient dans les prairies des environs de Salers étaient mal conformées. Leur couleur rouge unie et leurs caractéristiques ont été fixées au XIXème siècle dans le cadre d'une sélection rigoureuse préconisée et encouragée par Ernest Tyssandier d'Escous.

Quand il était enfant, il voyait toujours dans la maison familiale de Salers des tableaux de famille que sa mère avait emmenés avec elle du château d'Anjony lorsqu'elle s'était mariée. Parmi ces tableaux de famille, qui ont appartenu ensuite au rénovateur de la race bovine de Salers, il y avait celui de Germaine de Foix, descendante des premiers comtes de Foix et épouse de Michel d'Anjony. Cette peinture comportait des armoiries d'alliance : le blason d'Anjony et celui de Foix-Béarn avec des vaches rouges. Celles-ci n'étaient bien sûr pas des vaches de Salers mais des vaches béarnaises. Cependant c'étaient des vaches rouges.

Ce tableau de Germaine de Foix est toujours resté, avec d'autres tableaux de famille dont celui de son époux Michel d'Anjony, dans le patrimoine du rénovateur de la race bovine de Salers et plus tard de ses descendants.

Tableau de Germaine de Foix (collection privée)

Une histoire familiale :

Germaine de Foix avait épousé en 1557 Michel d'Anjony. Ce couple fit décorer de fresques la salle dite « des Preux » au château d'Anjony, à Tournemire, dans le Cantal. De part et d'autre de la cheminée monumentale ils furent représentés, au XVIème siècle… Des tableaux de Germaine de Foix et Michel d'Anjony furent ultérieurement peints d'après ces fresques, mais avec certaines interprétations liées à l'époque à laquelle les tableaux ont été réalisés. Ainsi la fresque de Germaine de Foix la représentait avec des gants à la main tandis que sur le tableau elle tient un missel. De même, sur la peinture des armoiries d'alliance ont été ajoutées. Et alors que le père de Germaine de Foix a porté, suivant les périodes de sa vie, les armes pleines de Foix ou des armes écartelées (avec les pals de Foix, les vaches de Béarn, la croix de Thynières et le lion de Bréon), sur le tableau de Germaine de Foix l'artiste a représenté les armes de Foix-Béarn comportant des vaches rouges.

Germaine de Foix était née en Auvergne. Elle était la fille de Louis de Foix, seigneur de Mardogne à Joursac (Auvergne), et de Gabrielle de Dienne dont l'histoire d'amour, dans l'Auvergne du XVIème siècle, mérite d'être contée.

Louis de Foix, seigneur de Mardogne et autres lieux en Auvergne, descendait des premiers comtes de Foix par son père Germain de Foix, vicomte de Couserans dans l'ancien comté de Foix. Son ancêtre Corbeyran de Foix, seigneur de Rabat dans le comté de Foix, surnommé « Le Valeureux », Sénéchal de Foix durant de nombreuses années, avait été très proche du célèbre comte de Foix Gaston Fébus.

Germain de Foix, puîné non fortuné mais chevalier impétueux au caractère bien trempé, avait pris de force le château de Mardogne et avait épousé le 28 octobre 1477 la jeune Jeanne de Thynières (Tinières), héritière de la puissante maison de Thynières. Ce couple eut deux fils, Louis et Jean.

Plus de 40 ans après son mariage, Jeanne mourut en 1519. Son fils aîné, Louis de Foix, hérita de la seigneurie de Mardogne à Joursac (Cantal). C'était un chevalier valeureux qui avait accompagné son parent Gaston de Foix, duc de Nemours, neveu du roi Louis XII, dans sa campagne d'Italie. Mais Gaston de Foix fut tué à Ravenne, il y a un peu plus de cinq cents ans, le jour de Pâques 11 avril 1512 et son corps resta en Italie.

Louis de Foix fut très affecté par la mort de son courageux parent. Il continua à guerroyer et revint ensuite en Auvergne…

Après le décès de Jeanne de Thynières, Louis de Foix et son père allèrent souvent, à cheval, de la forteresse de Mardogne au château de Dienne proche de Murat où tous deux tombèrent sous le charme de Gabrielle de Dienne, jeune veuve d'Astorg de Peyre. Germain et Louis de Foix voulaient l'épouser.

Germain de Foix, malgré son âge avancé, pensait que son fils aîné s'inclinerait, par respect, devant sa décision de se remarier. Mais Louis de Foix était très amoureux de Gabrielle de Dienne et pour elle il était prêt à s'opposer à la volonté de son père. Gabrielle de Dienne n'avait pas pu exprimer sa volonté pour son premier mariage mais, étant veuve, elle pouvait choisir son nouvel époux et, étant amoureuse de Louis, elle préféra le fils au père très âgé.

Le mariage de Gabrielle de Dienne et de Louis de Foix eut lieu le 6 août 1521. Germain de Foix, qui n'avait pas bon caractère, entra dans une grande colère et disposa de la vicomté de Couserans en faveur de son fils cadet Jean...

La fille de Gabrielle de Dienne et de Louis de Foix, Germaine de Foix, épousa Michel d'Anjony. Après son mariage elle vécut au château d'Anjony à Tournemire (Cantal). Les fresques la représentant ainsi que son époux sont toujours visibles dans la salle, dite « des Preux », du château d'Anjony. Des peintures ont été réalisées d'après ces fresques pour des descendants de ce couple. L'artiste représenta sur le tableau de Germaine de Foix des armoiries d'alliance : le blason d'Anjony pour Michel d'Anjony et le blason de Foix-Béarn pour Germaine de Foix…

Blason de Foix-Béarn

Les vaches dans l'héraldique :

Les armoiries, qui se sont développées à partir du XIIème siècle, étaient utiles sur les écus pour distinguer les amis et les ennemis portant des armures lors des batailles. Toutes les classes de la société ou les collectivités pouvaient en posséder, mais dans certaines catégories sociales (noblesse, marchands…) l'usage y était plus fréquent que dans le milieu rural.

La présence de vaches, de bœufs, de veaux ou de taureaux dans des armoiries est moins fréquente que celle d'autres animaux comme le lion. Cependant la présence de bovins a souvent une signification, et correspond à des « armoiries parlantes » dont le motif est en relation avec des éléments de la famille, de la collectivité ou du territoire qui en fait usage (nom, fief, alliances, riches prairies…).

Les bovins étaient dans le passé symboles de richesse d'un territoire essentiellement rural. Ils fournissaient non seulement de la nourriture mais, comme les bœufs étaient domestiqués et robustes, ils participaient également aux durs travaux des champs en étant utilisés comme bêtes de trait.

Sur les écus, les vaches comme les bœufs peuvent être de différentes couleurs (émaux). Mais il est à remarquer que les bovins sont assez souvent de couleur rouge (de gueules, dans le langage héraldique).

Le blason de Béarn comporte, sur un fond d'or, deux vaches rouges qui ont les cornes, les sabots, les colliers et les clochettes d'azur. D'après certains auteurs ce blason évoque l'ancien peuple celte des Vaccéens dont descendraient les Béarnais, mais il rappelle également la richesse agricole du Béarn.

Les vaches du Béarn, une ancienne race de vaches blondes, figuraient au Moyen Age sur la monnaie du Béarn. Elles ont un pelage blond, mais sur un fond d'écu couleur or il n'était pas possible qu'il y ait des vaches de même couleur. Celles-ci ont été représentées avec la couleur de gueules (rouge), couleur présente dans de nombreuses armoiries en association avec la couleur or, comme par exemple pour les pals* du blason de Foix.

Les pals sont des pièces honorables du blason placées verticalement.

La représentation du blason de Béarn figure dans les armes de certains membres de la famille des comtes de Foix et dans les armes de plusieurs villes de Béarn. Il figure également dans le blason de la principauté d'Andorre. Celui-ci est divisé en quatre quartiers, comportant à gauche (à dextre sur l'écu) la mitre et la crosse de l'évêque d'Urgell ainsi que les quatre pals de Catalogne, et à droite (à senestre sur l'écu) les trois pals de Foix et les deux vaches de Béarn.

Sous le blason de l'Andorre est mentionnée la devise : « Virtus Unita Fortior » (l'unité fait la force). Les armoiries andorranes sont issues de l'histoire du pays et représentent la situation très particulière de l'Andorre. Un traité de paréage, au XIIIème siècle, entre l'évêque d'Urgell (sous la souveraineté du roi d'Aragon) et le comte de Foix (sous la souveraineté du roi de France), a permis à ce territoire des Pyrénées au passé rural de préserver, au cours des siècles, son indépendance entre la France et l'Espagne.

Avec ses deux vaches rouges le blason de Béarn est présent dans la composition de différents blasons dont celui de Jeanne d'Albret (Jeanne III de Navarre-Albret) ainsi que dans les armes de son fils.

Avant de devenir roi de France sous le nom d'Henri IV, le fils de Jeanne d'Albret, Henri III roi de Navarre, prince de Béarn, comte de Foix, avait dans ses armes les deux vaches rouges (de gueules) de Béarn. Il eut plusieurs armoiries en fonction de ses possessions. Lorsqu'il devint roi de France en 1589 son blason comporta les armes fleurdelisées de France et les chaînes d'or de Navarre.

Les armes de Foix-Béarn ne furent plus, après 1589, portées par le roi Henri IV et ses descendants. Et des artistes, dont celui qui a réalisé la peinture de Germaine de Foix, ont quelquefois représenté, pour certains descendants des comtes de Foix, les armes écartelées de Foix-Béarn, comportant des vaches rouges, à la place des armes pleines de Foix.

C'est ainsi que, dès sa plus tendre enfance, Ernest Tyssandier d'Escous, rénovateur de la race bovine de Salers, put admirer les vaches rouges du blason de Foix-Béarn dans les armoiries d'alliance représentées sur le tableau de son ancêtre Germaine de Foix.

Porte de la maison d'Ernest Tyssandier d'Escous à Salers

La plus belle fille de l'Aurochs

Nouvelle par Corinne Toupillier

Cavalier émérite, Ernest Tyssandier d'Escous passe beaucoup de temps avec les chevaux qu'il monte et qu'il soigne dans les domaines que possède sa famille. Chevauchant à travers les vertes vallées, il se plait à regarder les cheptels qui, lors des hivers rigoureux, transhument et occupent les hauts pâturages pendant l'estive. Le cheval est une véritable passion qu'il gardera toute sa vie, et il sera connu dans toute la région pour ses courses intrépides !

Très vite, par amour pour ces chevaux, lui vient l'idée d'améliorer la race en faisant des croisements avec des chevaux de sang arabe. L'élevage le passionne de plus en plus même s'il s'intéresse également à l'agriculture. Empreint d'une grande humanité, il cherche toujours à améliorer le quotidien de ses concitoyens. C'est ainsi qu'il introduit la culture de la pomme de terre sur les terres familiales et suggère l'usage de la charrue à versoir.

Peu à peu, son père lui confie la gestion des différents domaines à Saint-Bonnet de Salers, Saint Martin Valmeroux, Salins ou encore Anglards de Salers où ils élèvent principalement des chevaux.

Mais Ernest est curieux, il visite aussi les étables et se met à s'intéresser aux vaches, faisant un bien triste constat quant aux conditions d'hygiène dans lesquelles elles vivent. Il trouve fort dommage que l'on ne fasse de ces vaches qu'un usage très ordinaire. Pour se faire une idée précise de ce qui pourrait être fait, il rencontre toutes les familles de la région, fait connaissance avec l'un et avec l'autre, s'intéresse à chacun d'eux. Il pose des questions sur leurs vacheries, sur leurs habitudes en ce qui concerne la nourriture, la transhumance, et même les maladies…

L'idée lui vient de recenser les bovins qui lui semblent les plus aptes à la reproduction. Il devient, peu à peu, bien plus qu'un simple éleveur. Féru d'agronomie, il fourmille d'idées en ce qui concerne l'amélioration des races, même s'il se heurte aux préjugés de la plupart des autres éleveurs bien ancrés dans leurs traditions.

Il se lie d'amitié avec Louis-Furcy Grognier, professeur à l'école Royale Vétérinaire de Lyon et zootechnicien, qui a, quelques années auparavant, proposé à ses élèves un programme d'amélioration des races bovines. Le milieu du XIXème siècle est la grande époque de l'amélioration des races. La croissance des villes, l'augmentation de la population, nécessitent un besoin de plus en plus grand en viande, lait, et fromage. Originaire du Cantal, le professeur Grognier voit l'intérêt économique de sa région.

Dans le même temps, de nombreux échanges se font avec des propriétaires anglais, qui tentent également de mettre au point des techniques de sélection. Deux procédés s'opposent : le métissage ou l'accouplement des meilleurs sujets entre eux. C'est ce dernier qui retient l'attention d'Ernest Tyssandier d'Escous et de Louis-Furcy Grognier. Tous deux attachent aussi beaucoup d'importance à l'alimentation.

Après s'être consacré un temps à l'élevage des moutons, c'est maintenant vers la race bovine que se tourne Ernest. Il s'efforce de persuader les autres éleveurs que seule la sélection des meilleures bêtes peut permettre d'améliorer la race existante, s'inspirant en cela des élevages du Charolais.

- Je vous assure, c'est le seul moyen d'améliorer leurs qualités et d'atténuer leurs défauts, leur explique-t-il. Toutes les formes de croisement ruinent les races auxquelles on les applique, et les détruisent sans retour ; la sélection seule les améliore, leur répète-il avec insistance, tant il est persuadé que c'est l'unique et bonne solution.

Il met tout en œuvre pour les convaincre que les animaux non conformes aux critères établis doivent être éliminés et qu'il est indispensable d'améliorer les conditions d'hygiène dans lesquelles les bêtes se trouvent. Infatigable, il fait preuve d'une énergie à toute épreuve et répète les qualités indispensables à la pureté de la race : rusticité, poids, longévité, fécondité et aptitude au vêlage.

Ernest Tyssandier d'Escous et Louis-Furcy Grognier constatent que les essais faits par la ferme de Saint Angeau, qui a tenté des croisements avec des races anglaises, ont échoué. Les bêtes sont mortes de phtisie.

Ernest est un homme agréable et séduisant. Il sait se montrer persuasif, usant de son charme et d'un réel talent d'orateur. Au cours de bons repas qu'il partage chaleureusement avec eux, il fait part aux autres éleveurs de ce qu'il a appris sur les différentes méthodes d'élevage et, peu à peu, réussit à les gagner à ses idées. Son enthousiasme et ses convictions sont communicatifs ! Il n'a que 32 ans lorsqu'il prend la tête du Comice Agricole. Débordant d'idées, il commence à créer des prairies artificielles et insiste sur l'utilisation de la charrue à versoir. A 35 ans, il devient le maire de Saint-Bonnet de Salers et prend la place de son père au Conseil Général. Il aime sa région et son souhait le plus cher est de la faire connaître en la faisant évoluer. Il se dévoue à ses recherches et à ses différents travaux avec une bonne humeur et un courage contagieux.

Ernest Tyssandier d'Escous est un homme estimé, bon père de famille de six enfants, reconnu par ses pairs, à l'aise autant en public que sur le terrain. Il met en pratique ses idées et ses théories, aussi bien sur ses propres terres que sur celles de ses voisins. Son courage et son implication font de lui un homme respecté, car il ne se contente pas de parler ni de donner des directives mais agit concrètement.

Alors qu'Ernest Tyssandier d'Escous encourage depuis plusieurs années les éleveurs à présenter leurs plus belles bêtes aux concours agricoles régionaux ou nationaux, deux mâles de la race Salers remportent enfin le 1er prix d'un concours de reproducteurs ! Tous les éleveurs sont fiers et voilà qui renforce leurs motivations !

L'année suivante la dénomination "Race bovine de Salers" est adoptée par le Ministère de l'Agriculture, en lieu et place de celle de "Race de la Haute-Auvergne" et Ernest crée le premier concours pour mâles reproducteurs de Race Salers pure. Il reçoit même du gouvernement impérial une subvention pour l'organisation de ce concours centré exclusivement sur la Salers. Après tous les obstacles que lui a créés l'administration bonapartiste, c'est une autre belle victoire ! Le comice agricole de Salers compte de plus en plus d'adhérents et le concours attire même des éleveurs étrangers.

La Salers est de plus en plus recherchée, même au-delà du Cantal. Aux yeux des vieux Auvergnats de la montagne, c'est une belle reconnaissance pour celle qu'ils nomment toujours "la plus belle fille de l'aurochs" ! Peu à peu, elle acquiert un grand renom et bientôt la race Salers a son propre concours, distinct des autres. Laitière de tout premier choix, elle est maintenant aussi appréciée pour sa viande.

Les travaux d'Ernest Tyssandier d'Escous commencent à faire parler d'eux et il échange régulièrement des courriers avec son ami Louis Pasteur, dont la notoriété est de plus en plus établie.

Alors qu'il rentre de la propriété d'Escous, sa femme Charlotte l'attend sur le pas de la porte.
- Tu as une nouvelle lettre de Louis !
- Fort bien, merci mon amie.

Ernest s'installe et lit son courrier attentivement.

- Louis va venir, il souhaite voir de plus près mes travaux sur nos vaches "rouges". Il viendra la semaine prochaine. Nous lui préparerons une belle chambre.

- Ce sera un honneur, répond enjouée son épouse.

C'est donc avec grand plaisir qu'Ernest accueille son ami Louis Pasteur quelques jours plus tard. Le temps est frais, aussi Charlotte fait-elle de son mieux pour installer Louis devant la cheminée, qui dans chaque maison représente le cœur du foyer. C'est là que se passent les veillées avec les voisins, mais aujourd'hui Louis est un hôte prestigieux et Ernest est si heureux de le retrouver que sa présence sera bien suffisante !

Elle montre à Louis la chambre qu'elle lui a fait préparer, lui indique la lampe à pétrole posée près du lit et la bassinoire qui sera remplie de braises et passée entre les draps au moment du coucher. Louis Pasteur la remercie vivement, touché par tant de sollicitude. Puis, discrète, elle laisse les deux hommes qui doivent avoir tant de choses à se dire.

Pasteur félicite son ami pour toutes ses recherches et les améliorations qu'il a apportées aux bovins. Ernest lui explique comment s'organise la vie dans ces campagnes et les différents travaux incontournables :

- Ici toute la vie est réglée en fonction du bétail. Cela commence au printemps par le nettoyage des rigoles, la taille des haies, l'épierrage des sols et les derniers labours pour semer le blé ou le chanvre. Puis vient l'époque du fauchage dans ces prés toujours pentus et l'assemblage du foin avant de le charger sur les chars. C'est ensuite le temps des moissons et l'été s'achève par la récolte du regain. En automne, on se consacre aux labours avant de rentrer les bêtes à l'étable. Pendant l'hiver le travail ne s'arrête pas, il faut continuer à traire les bêtes, les emmener à l'abreuvoir, nettoyer l'étable…A ces tâches s'ajoutent le bois à couper, les outils à réparer, tandis que les femmes font des paniers ou filent la quenouille.

Louis est attentif aux propos de son ami. Il aime son enthousiasme et la passion qu'il met à faire partager l'amour de son métier.

- Demain matin nous irons voir les bêtes de mon voisin Gaston. Je l'ai prévenu de ta visite et il est ravi et honoré de te rencontrer ! conclut Ernest avant de lui souhaiter une bonne nuit.

Le lendemain, dans la fraîcheur matinale, tous deux se rendent chez Gaston. Ils traversent la basse-cour, qui est le domaine de sa femme. Au passage Ernest lui fait remarquer la soue, où elle élève aussi le cochon qui sera tué ultérieurement pour fournir la charcuterie. Gaston les accueille chaleureusement, remercie Louis Pasteur de l'honneur qu'il lui fait en venant voir sa ferme et ses bêtes.

Appuyés à la clôture, Ernest montre à son ami les vaches qu'il couve d'un regard attendri : Il s'extasie devant la robe acajou, les petites taches blanches au niveau du pis, le poil long et frisé et les longues et fines cornes couleur ivoire en forme de lyre, dont l'extrémité légèrement plus foncée leur confère une noble majesté. Il lui fait remarquer comme sont clairs les naseaux et le contour des yeux ourlés de noir, tel un maquillage et les onglons bien noirs aussi. Il pointe du doigt, à côté d'elles, les veaux qui ont la même jolie robe.

- C'est une mère résistante, notre Salers, à la poitrine large et aux membres costauds, une grimpeuse qui n'a jamais le vertige, et pâture sur les pentes abruptes, même lorsqu'elles sont humides ou caillouteuses, sans boiterie. Tu verrais, elle a même une démarche très élégante ! Elle supporte les variations de température et peut se contenter d'un fourrage grossier. Tu vois, c'est aussi pour cette rusticité et cette résistance qu'elle est si appréciée et recherchée. Sa réputation – et aussi celle des bœufs d'ailleurs – n'est pas usurpée, c'est une vraie travailleuse ! D'environ 1,40 m au garrot, elle pèse dans les 750 kilos ! Qui plus est, elle est particulièrement fertile, d'élevage facile et fournit un lait riche en matières grasses qui permet la fabrication de nos savoureux fromages, comme le fromage de Salers, la Fourme d'Ambert ou le fromage de Cantal. Tu te rends compte, que de qualités !

Louis en convient.
- C'est grâce à toi, Ernest et à ta persévérance que ces superbes vaches rouges qui font la fierté de ta région ont atteint ces extraordinaires qualités et une telle beauté !
Gaston acquiesce, fier d'être en compagnie des deux hommes.

Intarissable, Ernest continue :
- Les étrangers qui viennent sur place s'étonnent de la traite très particulière, une traite qui lui est vraiment propre. Et oui, tu sais, la Salers n'est pas comme les autres, c'est la seule vache qui n'accepte d'être traite qu'en présence de son veau ! Je comprends que le procédé ait de quoi surprendre, mais il en va ainsi ! Avant de commencer la traite, il faut laisser le veau téter, et ensuite ne pas aller au-delà de trois trayons, car il faut laisser au petit de

quoi se nourrir ! Si son veau n'amorce pas la traite, elle retient son lait ! Parfois, selon son humeur, elle peut même allaiter deux veaux à la fois ! C'est un système particulier, j'en conviens, mais j'ai constaté qu'il permet un très bon équilibre entre le taux de protéines et celui des matières grasses.

- J'ai entendu dire, continue Pasteur, que du Périgord, du Poitou, des Charentes, des acheteurs viennent chercher tes bêtes. Leur prix ne cesse d'augmenter ! Et ce sont toutes les finances de la région qui s'en ressentent. Tu as fait faire des bonds à l'économie locale. Non seulement tu es un éleveur attentionné et amoureux de ses bêtes, mais tu es aussi un chercheur émérite, Ernest.

- J'essaie de maintenir l'élevage traditionnel mais en faisant une race plus pure, plus belle et plus performante. Cela a de l'incidence sur la qualité de la viande et aussi sur la production laitière. Je trouvais vraiment désolant que ces superbes bêtes acajou n'aient été employées que comme des "bonnes à tout faire" pour travailler, vêler, faire du fromage, tout cela d'une façon bien médiocre. J'ai toujours été convaincu qu'elles valaient mieux que cela.

- Et tu l'as prouvé après moultes recherches. Ton idée de cette sélection drastique est une idée de génie. J'estime que tu mérites d'être récompensé pour cela.

Tu es un remarquable agronome... Gaston, votre ferme est un modèle, les étables sont propres, l'alimentation soignée...

Sensible au compliment du grand homme, Gaston se rengorge...

Au début de la IIIème république, l'idée est venue au gouvernement de créer une sorte de "Légion d'Honneur Agricole" qui récompenserait les personnes ayant rendu des services marquants ou qui se seraient distinguées par des travaux ou des publications concernant l'Agriculture. La France est alors un pays essentiellement rural. Jules Méline, ministre de l'agriculture, qui a décoré Louis Pasteur de l'Ordre du Mérite Agricole constate que "*dans cet immense personnel d'agriculteurs, d'agronomes, de professeurs, de savants, le labeur est incessant, les dévouements nombreux et les récompenses rares*".

Aussi, à son retour, Louis Pasteur, lui-même décoré de cet ordre, propose-t-il que son ami Ernest Tyssandier d'Escous soit fait Chevalier de l'Ordre du Mérite Agricole, ordre créé par le Ministre (qui sera également à l'origine des écoles d'agricultures, et de la formation des professeurs départementaux d'agriculture). Jules Méline ne manque pas de faire remarquer que "*la richesse nationale vient de l'agriculture*" et de constater que "*la population *agricole est considérable: plus de dix-huit millions de français vivent de cette industrie et contribuent puissamment par leur travail au développement de la richesse publique*".

Initialement cet insigne devait présenter les mêmes caractéristiques que la croix de la Légion d'Honneur. Le modèle n'a pas été retenu mais les deux liserés rouges qui bordent le ruban moiré vert symbolisent tout de même la prestigieuse institution de l'ordre national de la Légion d'honneur. Le revers porte la mention « Mérite Agricole » et la date de sa création« 1883 ». Le vert de son ruban lui valut d'être initialement surnommé "l'épinard", puis par quelques malicieux journalistes "le poireau", mais cela n'enlève en rien la valeur et la reconnaissance qu'il confère au mérite de ceux que l'on décore.

Ernest fut honoré de cette décoration qu'il reçut le 8 juin 1884, d'une part parce qu'elle lui était décernée par un chercheur émérite, ami personnel de surcroît, mais surtout pour la reconnaissance du monde rural qu'elle impliquait. Il la reçut non seulement comme une récompense personnelle, mais comme celle d'un travail collectif, partagé entre amis des bêtes. Jusqu'à la fin de ses jours il resta un homme convivial, aimé de tous.

L'amour qu'Ernest Tyssandier d'Escous voua à sa région depuis l'enfance fut le moteur qui le poussa à essayer de la faire connaitre et à améliorer la vie de ses éleveurs et agriculteurs. Et ce n'est que justice si son nom reste à jamais indissociable de la rénovation de la race bovine de Salers. Il choisit de finir sa vie dans la cité de Salers où il était né. Du haut de la petite ville, située sur la butte basaltique, Ernest ne se lassa jamais de contempler la vallée de la Maronne où l'air est froid et vif, la beauté époustouflante du Puy Mary, ou le superbe cirque du Falgoux.